KB264623

뚝딱뚝딱
최고의 정비사

발행인 최종일 **발행처** (주)아이코닉스 **기획** 키즈아이콘
총괄책임 서현수 **편집책임** 박정은 **편집** 장보원 조윤수 김예진 이유진
디자인책임 김미선 **디자인** 이순영 권혜원 경희정
제작책임 신초희 **제작관리** 이수란 김미래 김세미
마케팅책임 김미경 **마케팅** 이창열 서연지 심동수 이경재 이미나 지승한 송호성
출판등록 2008년 11월 4일(제 2014-000009호) **주소** 경기도 성남시 분당구 판교로 255번길 64
고객센터 1566-0855 **홈페이지** www.iconix.co.kr
꼬마버스 타요 ⓒ ICONIX/EBS/SEOUL

⚠ 다칠 우려가 있으니 제품을 던지거나 밟지 마십시오.
⚠ 종이에 베이거나 긁히지 않도록 주의하시고, 특히 제품의 모서리에 다치지 않도록 주의하십시오.
※ 이 책은 독점 판권 업체인 (주)아이코닉스에 의해 제작되었으며 무단 전재와 복제를 금합니다.
※ 잘못된 제품은 구입 후 10일 이내 구입처에서 교환하여 드립니다.
※ 제품에 자체 결함이 있을 시 무상 A/S 보증 기간은 구입 후 3개월입니다. 단, 소비자의 부주의로 인한 파손이나 손해는 보상되지 않습니다.
※ 사용 중 분실된 구성품은 별도의 낱개 구입이나 교환이 불가능합니다.

뚝딱 최고의 뚝딱 정비사

꼬마 버스들이 운행을 마치고 차고지에 모였어요.
타요가 울상이 되어 들어오자 라니가 물었어요.

"타요, 무슨 일 있어?"
"하나 누나가 망가진 버스 손잡이 자리에 도넛을 달아 놨지 뭐야!"

"승객들이 웃어서
얼마나 창피했는지 몰라."

"지난번에 내 타이어 나사도
안 조여 줬잖아."

"어제는 공구를 트렁크에
넣어 놓고 한참 찾더라고."

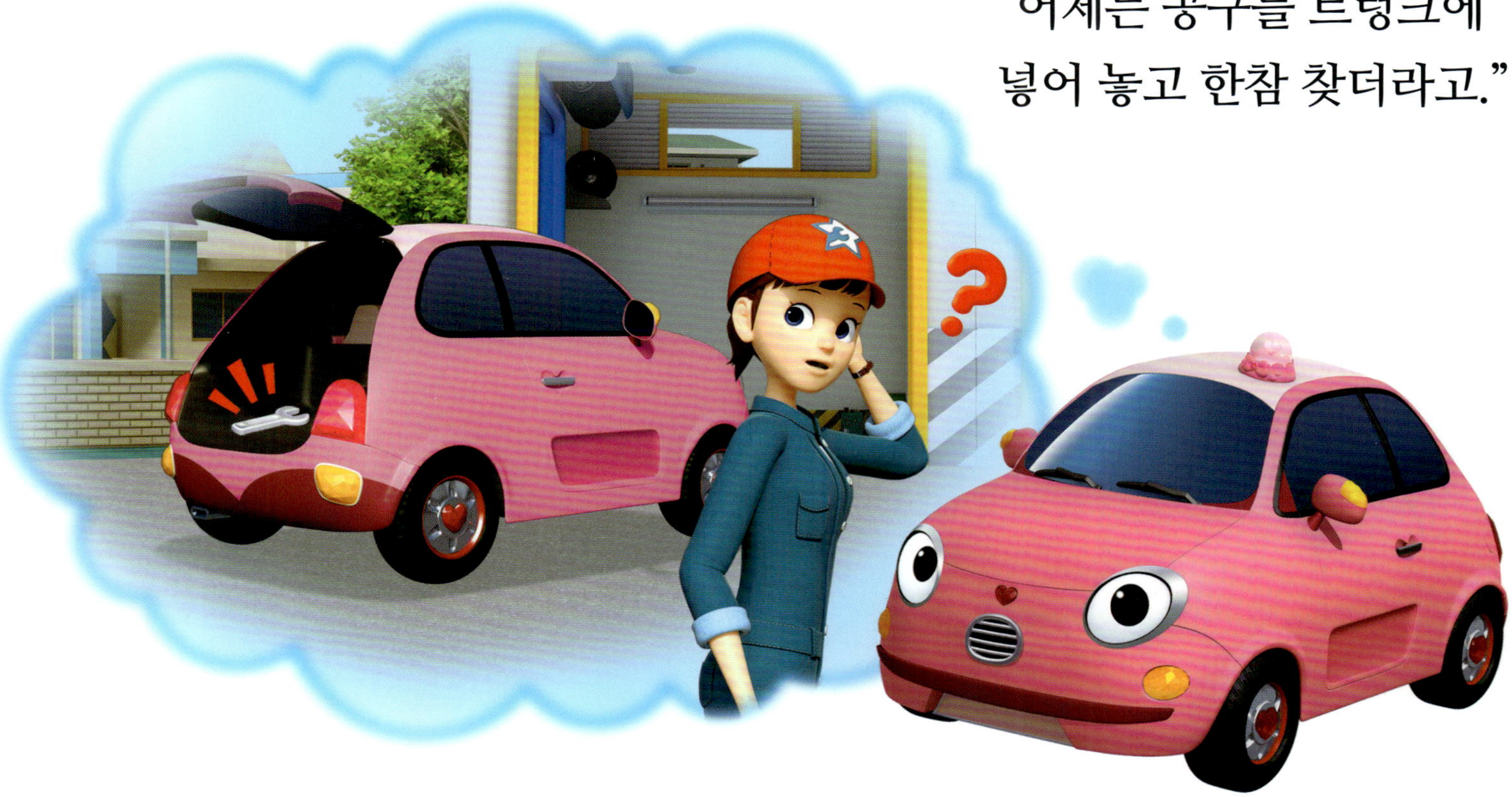

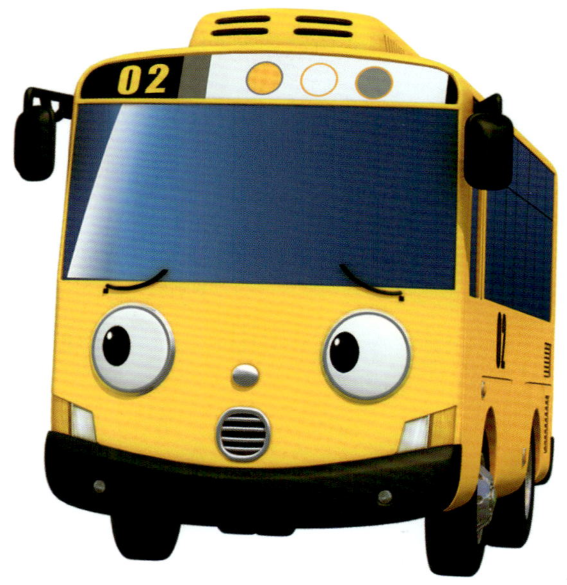

"하나 누나는
자주 깜빡하는 것 같아."

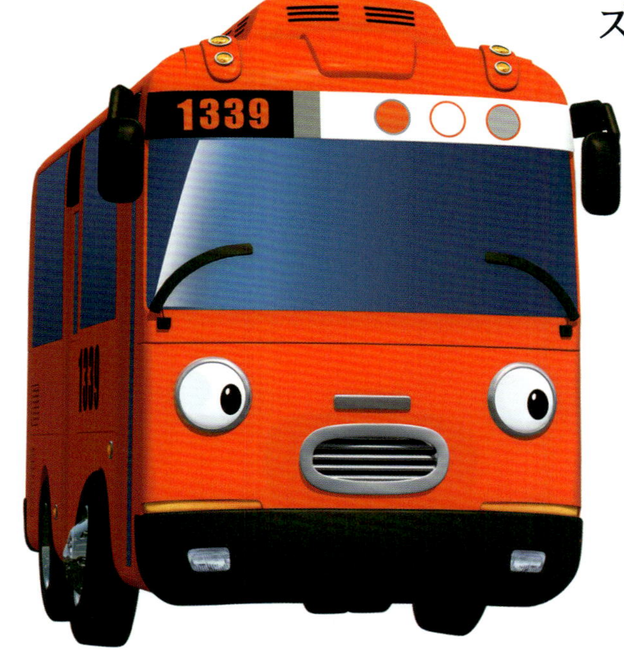

꼬마 버스들이 투덜거리자 씨투가 나서며 말했어요.
"하나가 좀 덜렁대긴 해도 내 눈에는 최고의 정비사인걸."

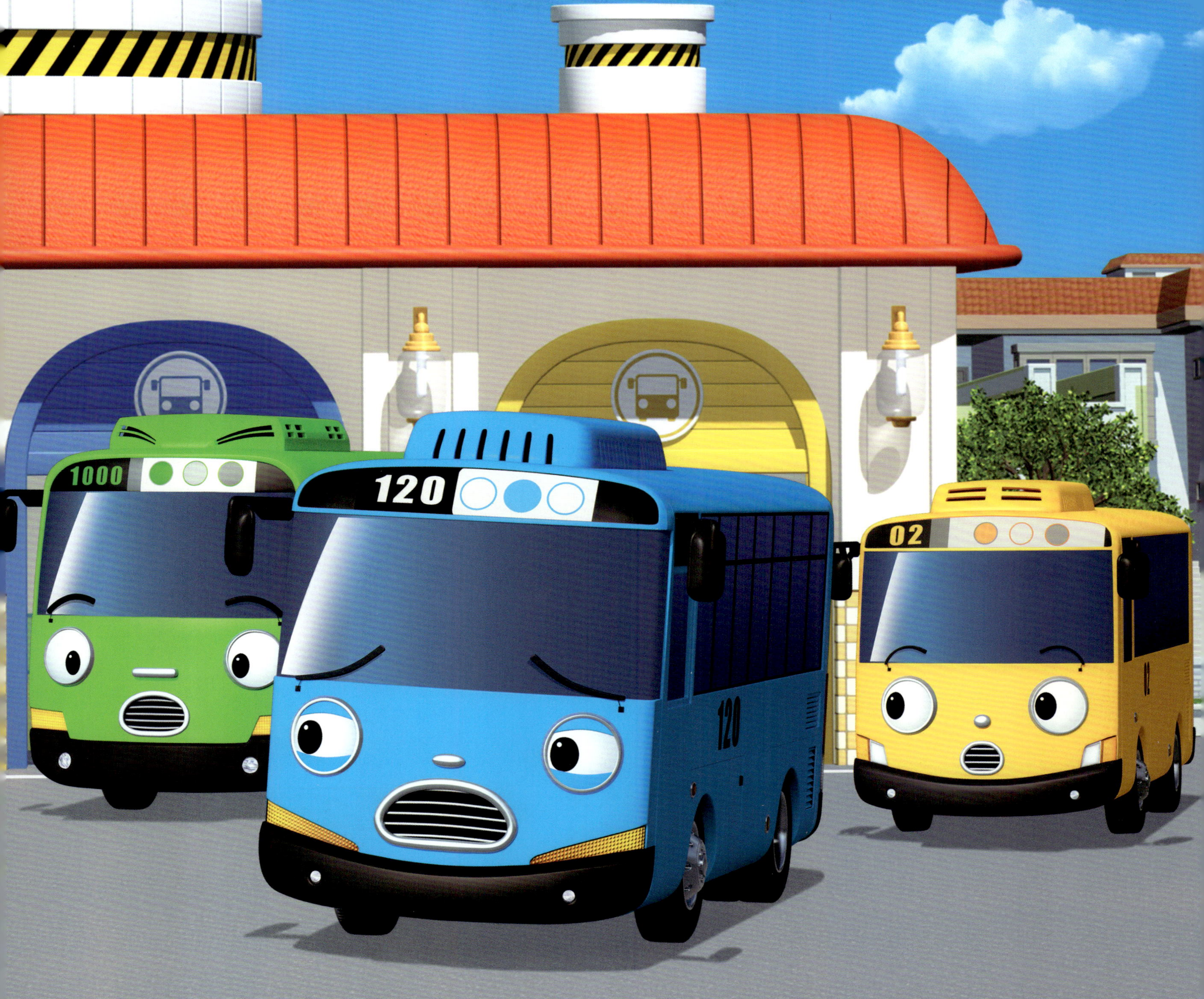

"덜렁이 하나 누나가 최고의 정비사라니……."
"도대체 하나 누나는 어떻게
우리 차고지의 정비사가 된 거예요?"

"내가 처음 여기에 왔을 때
정비사를 모집 중이었어.
새 차고지에서 일할 정비사를 뽑는다는 소식에
전국 각지에서 정비사들이 모여들었지."

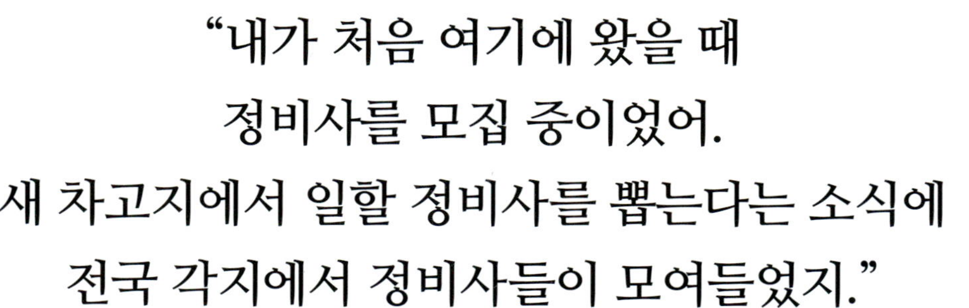

자동차 정비사 모집
차고지에서 함께 근무할
유능하고 성실한 정비사를 모집합니다.
모집 부문
인원
응시 자격
정비사
○명
■ 전화번호:
BUS

마침 하나도 정비사 시험을 보려고 차고지로 가는 길이었어요.
"마을에서 가장 큰 차고지라면 많은 차들을 만날 수 있겠지?
난 꼭 합격해서 차고지의 새로운 정비사가 될 거야!"

그때 건너편 도로에서 요란한 소리를 내며
버스가 멈추더니 검은 연기를 내뿜었어요.

하나는 곧장 연기가 나는 곳으로 달려갔어요.
"괜찮아? 갑자기 왜 그래?"

"아침에 손을 봤어야 했는데…….
정비를 받지 않고 먼 길을 달려왔더니 고장이 났나 봐."
"저런, 잠깐만 기다려 봐."
가방에서 공구를 꺼내려던 하나는 잠시 멈칫했어요.

'지금 버스를 고쳐 주면 차고지 시험 시간에 늦고 말 거야.
하지만 이대로 내가 가 버리면
이 버스는 움직이지도 못 할 텐데……. 어쩌지?'

고민하던 하나는 공구 가방을 펼쳤어요.
'나한테 차고지 정비사 시험도 중요하지만,
내가 거기 가려는 이유는 더 많은 차들을 고쳐 주고 싶어서야.
고장 난 차를 두고 간다면 정비사라고 할 수 없지!'

"자, 걱정 말고 나만 믿어!"
하나는 여러 가지 공구를 꺼내
버스를 정비하기 시작했어요.

하나가 정비를 마치자 원은 부릉부릉 힘찬 소리를 냈어요.
"정말 고마워!"

한편 차고지에서는 정비사 시험이 한창이었어요.
힘 센 정비사, 멋쟁이 정비사 그리고……

수많은 정비사들이 찾아왔지만 모두 씨투의 마음에 들지 않았어요.
"최고의 정비사를 찾기가 이렇게 힘들다니……."

정비사 심사를 끝내고 실망한 씨투는 한숨을 내쉬었어요.
"휴, 저들 중에서 대체 누구를 뽑아야 한담?"
이때 저 멀리서 원이 힘찬 소리를 내며 달려왔어요.
씨투는 반갑게 원을 맞이했어요.

"씨투! 늦어서 미안해. 정비사 심사는 어땠어?"
"말도 마. 사실 뽑을 만한 실력의 정비사가 한 명도 없었어.
그런데 오늘 심사에도 늦고, 무슨 일이 있었던 거야?"

원은 차고지로 오면서 생긴 일을 씨투에게 이야기했어요.
"그렇게 실력도 좋고, 차를 사랑하는 정비사가 있어?
우리 차고지에 꼭 필요한 정비사인데 어디 가야 찾을 수 있지?"

그때 하나가 헉헉거리며 차고지로 뛰어왔어요.
"잠깐만요! 저도 정비사 시험을 보고 싶어요!
늦었지만 한 번만 기회를 주세요!"

"아니, 넌 아까 나를 고쳐 준 그 정비사로구나!"
원의 말에 씨투는 기뻐하며 하나를 반갑게 맞이했어요.
"그럼, 정비사 시험을 시작해 볼까?"
"네! 잘 부탁드립니다!"

"하나는 덜렁대긴 했지만 뛰어난 실력으로
정비사 시험에 합격하고 이곳에서 일하게 되었어.
무엇보다 차를 사랑하는 마음은 하나가 최고였지!"

1339
39
1000

마침 하나가 타이어를 굴리며 타요를 향해 다가왔어요.
"타요, 아침에 미안했어. 네 타이어가 낡은 것 같아
서둘러 타이어를 사러 갈 생각에 실수하고 말았지 뭐야."
"하나 누나……!"

그날 꼬마 버스들은 하나 누나의 뛰어난 정비 실력 뿐만 아니라
차고지 친구들을 진심으로 사랑하는 마음을 느꼈답니다.

"하나 누나는 정말 최고예요!"
120